Dirección Editorial: **Raquel López Varela**
Coordinación Editorial: **Ana María García Alonso**
Maquetación: **Cristina A. Rejas Manzanera**
Diseño de cubierta: **Óscar Carballo Vales**

© del texto Yanitzia Canetti
© de la ilustración Anne Decis
© EDITORIAL EVEREST, S. A.
Carretera León-La Coruña, km 5
ISBN: 978-84-241-7061-5
Depósito legal: LE. 1224-2009
Printed in Spain - Impreso en España
EDITORIAL EVERGRÁFICAS, S. L.
Carretera León-La Coruña, km 5
LEÓN (España)
Atención al cliente: 902 123 400
www.everest.es

había otra vez...

Blanca Nieve y los Siete gigantones

Yanitzia Canetti

ilustrado por Anne Decis

everest

Había una vez
un bonita choza
donde nació una niña
saludable y hermosa.

Tenía ojos rasgados
y de color caramelo,
su piel como chocolate
y muy crespo su pelo.

—Le pondré Blanca Nieve,
es un nombre ideal
—comentó su mamá
que era muy original.

Un día la mamá
sufrió un grave accidente,
y por ese motivo
murió así, de repente.

El papá lloró mucho
y a su hija abrazó.
No la olvidaron nunca,
pero el tiempo pasó.

Y unos años después
de tan triste incidente,
el papá de la niña
se casó nuevamente.

Pero aquella madrastra
era tan envidiosa,
que odiaba a Blanca Nieve
solo porque era hermosa.

A un lado de la choza
había un turbio charquito
que la muy vanidosa
usaba de espejito.

—Dime, charco embrujado,
¿soy aún la más bella?
¿Ya viste a Blanca Nieve…?
¿Soy más linda que ella?

—Mi querida Falsina,
qué bonita es tu cara
—dijo el charco, y el agua
se puso un poco clara—.
Eres más linda que Tina,
eres más bella que Sara,
eres más bonita incluso
que Malimba y que Mampara.
Pero en cuanto a Blanca Nieve,
yo no te puedo mentir:
es la más buena y hermosa;
tú no puedes competir.

Y para qué les cuento
lo que luego ocurrió:
la madrastra, furiosa,
al charco se metió
y loca de la rabia
chapoteó y chapoteó.

—Por ningún motivo
yo puedo, por supuesto,
dejar que Blanca Nieve
me arrebate mi puesto.

Seré yo la más bella,
así debe de ser.
Y para conseguirlo,
algo tengo que hacer.

Le pidió a su vecino,
que era igual de malvado,
que dejara a la niña
en un bosque alejado
y que la atara a un árbol
colgada por los pies
para que se quedara
para siempre al revés.

Así lo hizo Macaco,
alias El malvadillo,
pero al ver que la niña
se lastimó el tobillo,
dejó para otro día
tan sucio trabajillo.

Fue entonces que la niña,
tan bella como lista,
se adentró por el bosque
sin dejar ni una pista.

Y por inteligente
logró sobrevivir
a las dificultades
que tuvo que sufrir:
sintió sed, tomó rocío;
sintió hambre, comió frutas;
sintió miedo y hasta frío
y descansó en una gruta.

Después de mucho andar,
el cuento les resumo,
por fin logró encontrar
una señal de humo.

Salía de una choza
de un inmenso tamaño
con una enorme puerta…
¡eso era muy extraño!

La puerta estaba abierta
y Blanca Nieve entró.
¡Y vaya qué sorpresa
la que ella se llevó!

Todo allí era enorme,
grande y descomunal,
inmenso, aparatoso,
gigante y colosal.

Se acercó a la cocina,
muy amplia y espaciosa,
pero estaba cochina,
digo más, ¡asquerosa!

Había tal reguero
de platos y de vasos
que nadie allí podía
dar ni siquiera un paso.

Blanca Nieve enseguida
se dispuso a limpiar.
Pronto dejó brillante
aquel sucio lugar.

Pero estaba cansada
y fue a la habitación
donde halló siete camas
¡y menudo colchón!

Escaló con destreza
una cama destendida,
tomó una gran almohada
y se quedó dormida.

Siete gigantes llegaron
después de trabajar
y se soprendieron mucho
cuando entraron a su hogar.

Buscaron al causante
del orden y la limpieza,
y vieron que era una chica
pequeña y de gran belleza.

Blanca Nieve despertó
al sentir voces de trueno,
pero el susto le pasó
cuando supo que eran buenos.

Les contó lo sucedido.
Y ellos dijeron: —¡Qué horror!
Pues quédate con nosotros,
estarás mucho mejor.

A la mañana siguiente
los gigantones salieron.
—No le abras la puerta a nadie
—con cariño le advirtieron.

Pero además prometieron:
—Para el domingo que viene
limpiaremos bien la casa
y mantendremos la higiene.

Entre tanto, Falsina
tramaba un plan espantoso
al saber lo sucedido
por un vecino chismoso.

Con gran dosis de maldad
y un poco de brujería,
preparó una gran canasta
con trocitos de sandía.

Caminó un largo trecho
disfrazada de anciana
hasta que vio el alto techo
de una cabaña lejana.

Cuando llegó a aquel lugar,
fingió tener muchos años
y logró que Blanca Nieve
creyera en sus engaños.

—Pase, ancianita querida
—dijo la pobre inocente—.
Yo le daré agua bien fría
y una sopa bien caliente.

—Mejor prueba mi sandía
—dijo entonces la malvada.
Blanca Nieve la probó.
Ella murió atragantada.

La madrastra huyó feliz
dando brincos de alegría.
—Ahora sí soy la más bella.
¡Funcionó mi brujería!

Llegaron los gigantones
y entraron por la puerta.
Casi se mueren del susto
al ver a la joven muerta.

Y menos mal que la vio
Lelo, el primer gigantón,
porque la hubiera aplastado
de un enorme pisotón.
Los siete gigantones
se pusieron a llorar,
inundaron la cabaña
y tuvieron que nadar.

No había ataúd de cristal
ni tampoco de madera,
la cubrieron con mil flores
en una hermosa pradera.

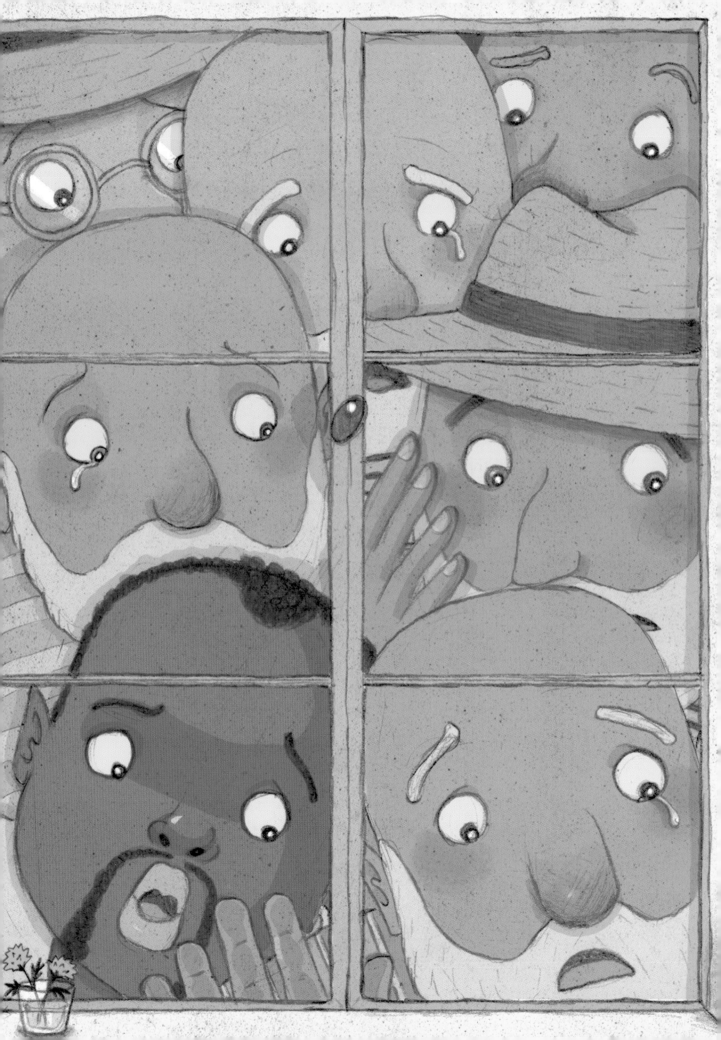

Así pasaron los días
y el príncipe no pasó,
pero pasó un pastorcillo
que al verla se enamoró.

La besó con tanta fuerza
y fue tanta su pasión
que el pedazo de sandía
de la garganta saltó
y la bella Blanca Nieve
sus ojitos entreabrió.

Y el pastorcillo exclamó:
—Qué bonitos ojos pardos.
Son dulces como la miel,
brillantes como el leopardo.
Qué suave y tersa es tu piel,
perfumada como el nardo.
¡Yo te amo, Blanca Nieve!
Mucho gusto, soy Lizardo.

Blanca Nieve lo miró
y lo abrazó conmovida:
—Oh, muchas gracias, Lizardo,
tú me salvaste la vida.
Sin embargo, soy sincera,
no puedo corresponderte.
No digo "sí" a la primera,
necesito conocerte.

Y Lizardo fue paciente
pues el amor verdadero
sería capaz de esperar
incluso un siglo entero.

Pero no fue necesario,
porque al pasar unos días,
Blanca Nieve se dio cuenta
de que también lo quería.

Los gigantes asistieron
a la boda, claro está.
Y dio brincos Blanca Nieve
cuando llegó su papá.

Se dieron besos y abrazos,
y se contaron mil cosas.
En su boda Blanca Nieve
se veía aún más hermosa.

—¿Dónde dejaste a Falsina?
—Blanca Nieve preguntó.

—¡Ni me hables de esa bruja!
—el padre le contestó—.
Me di cuenta de que era mala,
envidiosa y hechicera.
Recogí todas sus cosas,
y le pedí que se fuera.

Los novios se casaron
con trajes multicolores.
Y la gente les lanzaba
las más exóticas flores.
Retumbaba de alegría
el bosque y alrededores.
¿Y los siete gigantones?
¡Iban tocando tambores!